I HAVE TO DO WHAT?!

DATE: / /

WHAT I MUST DO:

- ☐
- ☐
- ☐
- ☐
- ☐
- ☐
- ☐
- ☐
- ☐
- ☐
- ☐
- ☐
- ☐
- ☐
- ☐
- ☐
- ☐

WHAT I SHOULD DO:

- ☐
- ☐
- ☐
- ☐
- ☐
- ☐
- ☐
- ☐
- ☐
- ☐
- ☐
- ☐
- ☐
- ☐
- ☐
- ☐
- ☐

WHAT I PROBABLY WON'T DO:

TODAY

I HAVE TO DO WHAT?!

DATE: /   /

WHAT I MUST DO:

- ☐
- ☐
- ☐
- ☐
- ☐
- ☐
- ☐
- ☐
- ☐
- ☐
- ☐
- ☐
- ☐
- ☐
- ☐
- ☐
- ☐

WHAT I SHOULD DO:

- ☐
- ☐
- ☐
- ☐
- ☐
- ☐
- ☐
- ☐
- ☐
- ☐
- ☐
- ☐
- ☐
- ☐
- ☐
- ☐

WHAT I PROBABLY WON'T DO:

TODAY'S PRODUCTIVITY OUTLOOK:

I HAVE TO DO WHAT?!

DATE: / /

WHAT I MUST DO:

☐
☐
☐
☐
☐
☐
☐
☐
☐
☐
☐
☐
☐
☐
☐
☐
☐

WHAT I SHOULD DO:

☐
☐
☐
☐
☐
☐
☐
☐
☐
☐
☐
☐
☐
☐
☐
☐
☐

WHAT I PROBABLY WON'T DO:

TODAY'S PRODUCTIVITY OUTLOOK:

I HAVE TO DO WHAT?!

DATE: /   /

WHAT I MUST DO:

- ☐
- ☐
- ☐
- ☐
- ☐
- ☐
- ☐
- ☐
- ☐
- ☐
- ☐
- ☐
- ☐
- ☐
- ☐
- ☐
- ☐

WHAT I SHOULD DO:

- ☐
- ☐
- ☐
- ☐
- ☐
- ☐
- ☐
- ☐
- ☐
- ☐
- ☐
- ☐
- ☐
- ☐
- ☐
- ☐
- ☐

WHAT I PROBABLY WON'T DO:

TODAY'S PRODUCTIVITY OUTLOOK:

I HAVE TO DO WHAT?!

DATE: /   /

WHAT I MUST DO:

☐
☐
☐
☐
☐
☐
☐
☐
☐
☐
☐
☐
☐
☐
☐
☐
☐

WHAT I SHOULD DO:

☐
☐
☐
☐
☐
☐
☐
☐
☐
☐
☐
☐
☐
☐
☐
☐
☐

WHAT I PROBABLY WON'T DO:

TODAY'S PRODUCTIVITY OUTLOOK:

I HAVE TO DO WHAT?!

DATE: /   /

WHAT I MUST DO:

- ☐
- ☐
- ☐
- ☐
- ☐
- ☐
- ☐
- ☐
- ☐
- ☐
- ☐
- ☐
- ☐
- ☐
- ☐
- ☐
- ☐

WHAT I SHOULD DO:

- ☐
- ☐
- ☐
- ☐
- ☐
- ☐
- ☐
- ☐
- ☐
- ☐
- ☐
- ☐
- ☐
- ☐
- ☐
- ☐

WHAT I PROBABLY WON'T DO:

TODAY'S PRODUCTIVITY OUTLOOK:

I HAVE TO DO WHAT?!

DATE: / /

WHAT I MUST DO:

☐
☐
☐
☐
☐
☐
☐
☐
☐
☐
☐
☐
☐
☐
☐
☐
☐

WHAT I SHOULD DO:

☐
☐
☐
☐
☐
☐
☐
☐
☐
☐
☐
☐
☐
☐
☐
☐

WHAT I PROBABLY WON'T DO:

TODAY'S PRODUCTIVITY OUTLOOK:

I HAVE TO DO WHAT?!

DATE: /   /

WHAT I MUST DO:

- ☐
- ☐
- ☐
- ☐
- ☐
- ☐
- ☐
- ☐
- ☐
- ☐
- ☐
- ☐
- ☐
- ☐
- ☐
- ☐
- ☐

WHAT I SHOULD DO:

- ☐
- ☐
- ☐
- ☐
- ☐
- ☐
- ☐
- ☐
- ☐
- ☐
- ☐
- ☐
- ☐
- ☐
- ☐
- ☐
- ☐

WHAT I PROBABLY WON'T DO:

TODAY'S PRODUCTIVITY OUTLOOK:

I HAVE TO DO WHAT?!

DATE: /   /

WHAT I MUST DO:

☐
☐
☐
☐
☐
☐
☐
☐
☐
☐
☐
☐
☐
☐
☐
☐
☐

WHAT I SHOULD DO:

☐
☐
☐
☐
☐
☐
☐
☐
☐
☐
☐
☐
☐
☐
☐
☐
☐

WHAT I PROBABLY WON'T DO:

TODAY'S PRODUCTIVITY OUTLOOK:

I HAVE TO DO WHAT?!

DATE: /   /

WHAT I MUST DO:

☐
☐
☐
☐
☐
☐
☐
☐
☐
☐
☐
☐
☐
☐
☐
☐
☐

WHAT I SHOULD DO:

☐
☐
☐
☐
☐
☐
☐
☐
☐
☐
☐
☐
☐
☐
☐
☐
☐

WHAT I PROBABLY WON'T DO:

TODAY'S PRODUCTIVITY OUTLOOK:

I HAVE TO DO WHAT?!

DATE: /   /

WHAT I MUST DO:

- ☐
- ☐
- ☐
- ☐
- ☐
- ☐
- ☐
- ☐
- ☐
- ☐
- ☐
- ☐
- ☐
- ☐
- ☐
- ☐
- ☐

WHAT I SHOULD DO:

- ☐
- ☐
- ☐
- ☐
- ☐
- ☐
- ☐
- ☐
- ☐
- ☐
- ☐
- ☐
- ☐
- ☐
- ☐
- ☐

WHAT I PROBABLY WON'T DO:

TODAY'S PRODUCTIVITY OUTLOOK:

I HAVE TO DO WHAT?!

DATE: / /

WHAT I MUST DO:

☐
☐
☐
☐
☐
☐
☐
☐
☐
☐
☐
☐
☐
☐
☐
☐
☐

WHAT I SHOULD DO:

☐
☐
☐
☐
☐
☐
☐
☐
☐
☐
☐
☐
☐
☐
☐
☐
☐

WHAT I PROBABLY WON'T DO:

TODAY'S PRODUCTIVITY OUTLOOK:

I HAVE TO DO WHAT?!

DATE: / /

WHAT I MUST DO:

☐
☐
☐
☐
☐
☐
☐
☐
☐
☐
☐
☐
☐
☐
☐
☐
☐

WHAT I SHOULD DO:

☐
☐
☐
☐
☐
☐
☐
☐
☐
☐
☐
☐
☐
☐
☐
☐
☐

WHAT I PROBABLY WON'T DO:

TODAY'S PRODUCTIVITY OUTLOOK:

I HAVE TO DO WHAT?!

DATE: / /

WHAT I MUST DO:

- ☐
- ☐
- ☐
- ☐
- ☐
- ☐
- ☐
- ☐
- ☐
- ☐
- ☐
- ☐
- ☐
- ☐
- ☐
- ☐
- ☐
- ☐

WHAT I SHOULD DO:

- ☐
- ☐
- ☐
- ☐
- ☐
- ☐
- ☐
- ☐
- ☐
- ☐
- ☐
- ☐
- ☐
- ☐
- ☐
- ☐
- ☐
- ☐

WHAT I PROBABLY WON'T DO:

TODAY'S PRODUCTIVITY OUTLOOK:

I HAVE TO DO WHAT?!

DATE: / /

WHAT I MUST DO:

☐
☐
☐
☐
☐
☐
☐
☐
☐
☐
☐
☐
☐
☐
☐
☐
☐

WHAT I SHOULD DO:

☐
☐
☐
☐
☐
☐
☐
☐
☐
☐
☐
☐
☐
☐
☐
☐
☐

WHAT I PROBABLY WON'T DO:

TODAY'S PRODUCTIVITY OUTLOOK:

I HAVE TO DO WHAT?!

DATE: / /

WHAT I MUST DO:

☐ _____
☐ _____
☐ _____
☐ _____
☐ _____
☐ _____
☐ _____
☐ _____
☐ _____
☐ _____
☐ _____
☐ _____
☐ _____
☐ _____
☐ _____
☐ _____
☐ _____

WHAT I SHOULD DO:

☐ _____
☐ _____
☐ _____
☐ _____
☐ _____
☐ _____
☐ _____
☐ _____
☐ _____
☐ _____
☐ _____
☐ _____
☐ _____
☐ _____
☐ _____
☐ _____

WHAT I PROBABLY WON'T DO:

_____
_____
_____
_____
_____

TODAY'S PRODUCTIVITY OUTLOOK:

I HAVE TO DO WHAT?!

DATE: /   /

WHAT I MUST DO:

☐
☐
☐
☐
☐
☐
☐
☐
☐
☐
☐
☐
☐
☐
☐
☐
☐

WHAT I SHOULD DO:

☐
☐
☐
☐
☐
☐
☐
☐
☐
☐
☐
☐
☐
☐
☐
☐

WHAT I PROBABLY WON'T DO:

TODAY'S PRODUCTIVITY OUTLOOK:

I HAVE TO DO WHAT?!

DATE: /   /

WHAT I MUST DO:

☐
☐
☐
☐
☐
☐
☐
☐
☐
☐
☐
☐
☐
☐
☐
☐
☐

WHAT I SHOULD DO:

☐
☐
☐
☐
☐
☐
☐
☐
☐
☐
☐
☐
☐
☐
☐
☐
☐

WHAT I PROBABLY WON'T DO:

TODAY'S PRODUCTIVITY OUTLOOK:

I HAVE TO DO WHAT?!

DATE: / /

WHAT I MUST DO:

☐
☐
☐
☐
☐
☐
☐
☐
☐
☐
☐
☐
☐
☐
☐
☐
☐

WHAT I SHOULD DO:

☐
☐
☐
☐
☐
☐
☐
☐
☐
☐
☐
☐
☐
☐
☐
☐
☐

WHAT I PROBABLY WON'T DO:

TODAY'S PRODUCTIVITY OUTLOOK:

I HAVE TO DO WHAT?!

DATE: /   /

WHAT I MUST DO:

- ☐
- ☐
- ☐
- ☐
- ☐
- ☐
- ☐
- ☐
- ☐
- ☐
- ☐
- ☐
- ☐
- ☐
- ☐
- ☐
- ☐

WHAT I SHOULD DO:

- ☐
- ☐
- ☐
- ☐
- ☐
- ☐
- ☐
- ☐
- ☐
- ☐
- ☐
- ☐
- ☐
- ☐
- ☐
- ☐
- ☐

WHAT I PROBABLY WON'T DO:

TODAY'S PRODUCTIVITY OUTLOOK:

I HAVE TO DO WHAT?!

DATE: /   /

WHAT I MUST DO:

- [ ]
- [ ]
- [ ]
- [ ]
- [ ]
- [ ]
- [ ]
- [ ]
- [ ]
- [ ]
- [ ]
- [ ]
- [ ]
- [ ]
- [ ]
- [ ]
- [ ]

WHAT I SHOULD DO:

- [ ]
- [ ]
- [ ]
- [ ]
- [ ]
- [ ]
- [ ]
- [ ]
- [ ]
- [ ]
- [ ]
- [ ]
- [ ]
- [ ]
- [ ]
- [ ]
- [ ]

WHAT I PROBABLY WON'T DO:

TODAY'S PRODUCTIVITY OUTLOOK:

I HAVE TO DO WHAT?!

DATE: / /

WHAT I MUST DO:

- ☐
- ☐
- ☐
- ☐
- ☐
- ☐
- ☐
- ☐
- ☐
- ☐
- ☐
- ☐
- ☐
- ☐
- ☐
- ☐
- ☐

WHAT I SHOULD DO:

- ☐
- ☐
- ☐
- ☐
- ☐
- ☐
- ☐
- ☐
- ☐
- ☐
- ☐
- ☐
- ☐
- ☐
- ☐
- ☐
- ☐

WHAT I PROBABLY WON'T DO:

TODAY'S PRODUCTIVITY OUTLOOK:

I HAVE TO DO WHAT?!

DATE: /   /

WHAT I MUST DO:

☐
☐
☐
☐
☐
☐
☐
☐
☐
☐
☐
☐
☐
☐
☐
☐
☐

WHAT I SHOULD DO:

☐
☐
☐
☐
☐
☐
☐
☐
☐
☐
☐
☐
☐
☐
☐
☐
☐

WHAT I PROBABLY WON'T DO:

TODAY'S PRODUCTIVITY OUTLOOK:

I HAVE TO DO WHAT?!

DATE: / /

WHAT I MUST DO:

☐

☐

☐

☐

☐

☐

☐

☐

☐

☐

☐

☐

☐

☐

☐

☐

☐

WHAT I SHOULD DO:

☐

☐

☐

☐

☐

☐

☐

☐

☐

☐

☐

☐

☐

☐

☐

☐

☐

WHAT I PROBABLY WON'T DO:

TODAY'S PRODUCTIVITY OUTLOOK:

I HAVE TO DO WHAT?!

DATE: /   /

WHAT I MUST DO:

- ☐
- ☐
- ☐
- ☐
- ☐
- ☐
- ☐
- ☐
- ☐
- ☐
- ☐
- ☐
- ☐
- ☐
- ☐
- ☐
- ☐

WHAT I SHOULD DO:

- ☐
- ☐
- ☐
- ☐
- ☐
- ☐
- ☐
- ☐
- ☐
- ☐
- ☐
- ☐
- ☐
- ☐
- ☐
- ☐
- ☐

WHAT I PROBABLY WON'T DO:

TODAY'S PRODUCTIVITY OUTLOOK:

I HAVE TO DO WHAT?!

DATE: /   /

WHAT I MUST DO:

- ☐
- ☐
- ☐
- ☐
- ☐
- ☐
- ☐
- ☐
- ☐
- ☐
- ☐
- ☐
- ☐
- ☐
- ☐
- ☐
- ☐
- ☐

WHAT I SHOULD DO:

- ☐
- ☐
- ☐
- ☐
- ☐
- ☐
- ☐
- ☐
- ☐
- ☐
- ☐
- ☐
- ☐
- ☐
- ☐
- ☐
- ☐

WHAT I PROBABLY WON'T DO:

TODAY'S PRODUCTIVITY OUTLOOK:

I HAVE TO DO WHAT?!

DATE: / /

WHAT I MUST DO:

☐
☐
☐
☐
☐
☐
☐
☐
☐
☐
☐
☐
☐
☐
☐
☐
☐

WHAT I SHOULD DO:

☐
☐
☐
☐
☐
☐
☐
☐
☐
☐
☐
☐
☐
☐
☐
☐
☐

WHAT I PROBABLY WON'T DO:

TODAY'S PRODUCTIVITY OUTLOOK:

KNOCKKNOCKSTUFF.COM ▪ © 2017 KNOCK KNOCK LLC

I HAVE TO DO WHAT?!

DATE: / /

WHAT I MUST DO:

☐ _____
☐ _____
☐ _____
☐ _____
☐ _____
☐ _____
☐ _____
☐ _____
☐ _____
☐ _____
☐ _____
☐ _____
☐ _____
☐ _____
☐ _____
☐ _____
☐ _____

WHAT I SHOULD DO:

☐ _____
☐ _____
☐ _____
☐ _____
☐ _____
☐ _____
☐ _____
☐ _____
☐ _____
☐ _____
☐ _____
☐ _____
☐ _____
☐ _____
☐ _____
☐ _____
☐ _____

WHAT I PROBABLY WON'T DO:

_____
_____
_____
_____
_____

TODAY'S PRODUCTIVITY OUTLOOK:

I HAVE TO DO WHAT?!

DATE: /   /

WHAT I MUST DO:

- ☐
- ☐
- ☐
- ☐
- ☐
- ☐
- ☐
- ☐
- ☐
- ☐
- ☐
- ☐
- ☐
- ☐
- ☐
- ☐
- ☐

WHAT I SHOULD DO:

- ☐
- ☐
- ☐
- ☐
- ☐
- ☐
- ☐
- ☐
- ☐
- ☐
- ☐
- ☐
- ☐
- ☐
- ☐
- ☐
- ☐

WHAT I PROBABLY WON'T DO:

TODAY'S PRODUCTIVITY OUTLOOK:

I HAVE TO DO WHAT?!

DATE: /   /

WHAT I MUST DO:

- ☐
- ☐
- ☐
- ☐
- ☐
- ☐
- ☐
- ☐
- ☐
- ☐
- ☐
- ☐
- ☐
- ☐
- ☐
- ☐
- ☐

WHAT I SHOULD DO:

- ☐
- ☐
- ☐
- ☐
- ☐
- ☐
- ☐
- ☐
- ☐
- ☐
- ☐
- ☐
- ☐
- ☐
- ☐
- ☐
- ☐

WHAT I PROBABLY WON'T DO:

TODAY'S PRODUCTIVITY OUTLOOK:

I HAVE TO DO WHAT?!

DATE: /   /

WHAT I MUST DO:

☐
☐
☐
☐
☐
☐
☐
☐
☐
☐
☐
☐
☐
☐
☐
☐
☐

WHAT I SHOULD DO:

☐
☐
☐
☐
☐
☐
☐
☐
☐
☐
☐
☐
☐
☐
☐
☐
☐

WHAT I PROBABLY WON'T DO:

TODAY'S PRODUCTIVITY OUTLOOK:

I HAVE TO DO WHAT?!

DATE: /   /

WHAT I MUST DO:

- ☐
- ☐
- ☐
- ☐
- ☐
- ☐
- ☐
- ☐
- ☐
- ☐
- ☐
- ☐
- ☐
- ☐
- ☐
- ☐
- ☐

WHAT I SHOULD DO:

- ☐
- ☐
- ☐
- ☐
- ☐
- ☐
- ☐
- ☐
- ☐
- ☐
- ☐
- ☐
- ☐
- ☐
- ☐
- ☐
- ☐

WHAT I PROBABLY WON'T DO:

TODAY'S PRODUCTIVITY OUTLOOK:

I HAVE TO DO WHAT?!

DATE: / /

WHAT I MUST DO:

- ☐
- ☐
- ☐
- ☐
- ☐
- ☐
- ☐
- ☐
- ☐
- ☐
- ☐
- ☐
- ☐
- ☐
- ☐
- ☐
- ☐

WHAT I SHOULD DO:

- ☐
- ☐
- ☐
- ☐
- ☐
- ☐
- ☐
- ☐
- ☐
- ☐
- ☐
- ☐
- ☐
- ☐
- ☐
- ☐

WHAT I PROBABLY WON'T DO:

TODAY'S PRODUCTIVITY OUTLOOK:

KNOCKKNOCKSTUFF.COM ▪ © 2017 KNOCK KNOCK LLC

I HAVE TO DO WHAT?!

DATE: / /

WHAT I MUST DO:

☐
☐
☐
☐
☐
☐
☐
☐
☐
☐
☐
☐
☐
☐
☐
☐
☐

WHAT I SHOULD DO:

☐
☐
☐
☐
☐
☐
☐
☐
☐
☐
☐
☐
☐
☐
☐
☐
☐

WHAT I PROBABLY WON'T DO:

TODAY'S PRODUCTIVITY OUTLOOK:

I HAVE TO DO WHAT?!

DATE: /   /

WHAT I MUST DO:

☐
☐
☐
☐
☐
☐
☐
☐
☐
☐
☐
☐
☐
☐
☐
☐
☐

WHAT I SHOULD DO:

☐
☐
☐
☐
☐
☐
☐
☐
☐
☐
☐
☐
☐
☐
☐
☐
☐

WHAT I PROBABLY WON'T DO:

TODAY'S PRODUCTIVITY OUTLOOK:

I HAVE TO DO WHAT?!

DATE: / /

WHAT I MUST DO:

☐
☐
☐
☐
☐
☐
☐
☐
☐
☐
☐
☐
☐
☐
☐
☐
☐

WHAT I SHOULD DO:

☐
☐
☐
☐
☐
☐
☐
☐
☐
☐
☐
☐
☐
☐
☐
☐
☐

WHAT I PROBABLY WON'T DO:

TODAY'S PRODUCTIVITY OUTLOOK:

I HAVE TO DO WHAT?!

DATE: /   /

WHAT I MUST DO:

- ☐
- ☐
- ☐
- ☐
- ☐
- ☐
- ☐
- ☐
- ☐
- ☐
- ☐
- ☐
- ☐
- ☐
- ☐
- ☐
- ☐

WHAT I SHOULD DO:

- ☐
- ☐
- ☐
- ☐
- ☐
- ☐
- ☐
- ☐
- ☐
- ☐
- ☐
- ☐
- ☐
- ☐
- ☐
- ☐
- ☐

WHAT I PROBABLY WON'T DO:

TODAY'S PRODUCTIVITY OUTLOOK:

I HAVE TO DO WHAT?!

DATE: / /

WHAT I MUST DO:

- ☐
- ☐
- ☐
- ☐
- ☐
- ☐
- ☐
- ☐
- ☐
- ☐
- ☐
- ☐
- ☐
- ☐
- ☐
- ☐
- ☐

WHAT I SHOULD DO:

- ☐
- ☐
- ☐
- ☐
- ☐
- ☐
- ☐
- ☐
- ☐
- ☐
- ☐
- ☐
- ☐
- ☐
- ☐
- ☐

WHAT I PROBABLY WON'T DO:

TODAY'S PRODUCTIVITY OUTLOOK:

I HAVE TO DO WHAT?!

DATE: / /

WHAT I MUST DO:

☐
☐
☐
☐
☐
☐
☐
☐
☐
☐
☐
☐
☐
☐
☐
☐
☐

WHAT I SHOULD DO:

☐
☐
☐
☐
☐
☐
☐
☐
☐
☐
☐
☐
☐
☐
☐
☐
☐

WHAT I PROBABLY WON'T DO:

TODAY'S PRODUCTIVITY OUTLOOK:

I HAVE TO DO WHAT?!

DATE: /   /

WHAT I MUST DO:

☐
☐
☐
☐
☐
☐
☐
☐
☐
☐
☐
☐
☐
☐
☐
☐
☐

WHAT I SHOULD DO:

☐
☐
☐
☐
☐
☐
☐
☐
☐
☐
☐
☐
☐
☐
☐
☐
☐

WHAT I PROBABLY WON'T DO:

TODAY'S PRODUCTIVITY OUTLOOK:

I HAVE TO DO WHAT?!

DATE: /   /

WHAT I MUST DO:
- ☐
- ☐
- ☐
- ☐
- ☐
- ☐
- ☐
- ☐
- ☐
- ☐
- ☐
- ☐
- ☐
- ☐
- ☐
- ☐
- ☐

WHAT I SHOULD DO:
- ☐
- ☐
- ☐
- ☐
- ☐
- ☐
- ☐
- ☐
- ☐
- ☐
- ☐
- ☐
- ☐
- ☐
- ☐
- ☐
- ☐

WHAT I PROBABLY WON'T DO:

TODAY'S PRODUCTIVITY OUTLOOK:

I HAVE TO DO WHAT?!

DATE: /   /

WHAT I MUST DO:

☐

☐

☐

☐

☐

☐

☐

☐

☐

☐

☐

☐

☐

☐

☐

☐

☐

WHAT I SHOULD DO:

☐

☐

☐

☐

☐

☐

☐

☐

☐

☐

☐

☐

☐

☐

☐

☐

☐

WHAT I PROBABLY WON'T DO:

TODAY'S PRODUCTIVITY OUTLOOK:

I HAVE TO DO WHAT?!

DATE: / /

WHAT I MUST DO:

- ☐
- ☐
- ☐
- ☐
- ☐
- ☐
- ☐
- ☐
- ☐
- ☐
- ☐
- ☐
- ☐
- ☐
- ☐
- ☐
- ☐

WHAT I SHOULD DO:

- ☐
- ☐
- ☐
- ☐
- ☐
- ☐
- ☐
- ☐
- ☐
- ☐
- ☐
- ☐
- ☐
- ☐
- ☐
- ☐
- ☐

WHAT I PROBABLY WON'T DO:

TODAY'S PRODUCTIVITY OUTLOOK:

I HAVE TO DO WHAT?!

DATE: / /

WHAT I MUST DO:

☐
☐
☐
☐
☐
☐
☐
☐
☐
☐
☐
☐
☐
☐
☐
☐
☐

WHAT I SHOULD DO:

☐
☐
☐
☐
☐
☐
☐
☐
☐
☐
☐
☐
☐
☐
☐
☐
☐

WHAT I PROBABLY WON'T DO:

TODAY'S PRODUCTIVITY OUTLOOK:

I HAVE TO DO WHAT?!

DATE: / /

WHAT I MUST DO:

- ☐
- ☐
- ☐
- ☐
- ☐
- ☐
- ☐
- ☐
- ☐
- ☐
- ☐
- ☐
- ☐
- ☐
- ☐
- ☐
- ☐

WHAT I SHOULD DO:

- ☐
- ☐
- ☐
- ☐
- ☐
- ☐
- ☐
- ☐
- ☐
- ☐
- ☐
- ☐
- ☐
- ☐
- ☐
- ☐
- ☐

WHAT I PROBABLY WON'T DO:

TODAY'S PRODUCTIVITY OUTLOOK:

I HAVE TO DO WHAT?!

DATE: / /

WHAT I MUST DO:

- ☐
- ☐
- ☐
- ☐
- ☐
- ☐
- ☐
- ☐
- ☐
- ☐
- ☐
- ☐
- ☐
- ☐
- ☐
- ☐
- ☐

WHAT I SHOULD DO:

- ☐
- ☐
- ☐
- ☐
- ☐
- ☐
- ☐
- ☐
- ☐
- ☐
- ☐
- ☐
- ☐
- ☐
- ☐
- ☐
- ☐

WHAT I PROBABLY WON'T DO:

TODAY'S PRODUCTIVITY OUTLOOK:

I HAVE TO DO WHAT?!

DATE: /   /

WHAT I MUST DO:

- ☐
- ☐
- ☐
- ☐
- ☐
- ☐
- ☐
- ☐
- ☐
- ☐
- ☐
- ☐
- ☐
- ☐
- ☐
- ☐
- ☐
- ☐

WHAT I SHOULD DO:

- ☐
- ☐
- ☐
- ☐
- ☐
- ☐
- ☐
- ☐
- ☐
- ☐
- ☐
- ☐
- ☐
- ☐
- ☐
- ☐
- ☐
- ☐

WHAT I PROBABLY WON'T DO:

TODAY'S PRODUCTIVITY OUTLOOK:

I HAVE TO DO WHAT?!

DATE: / /

WHAT I MUST DO:

☐
☐
☐
☐
☐
☐
☐
☐
☐
☐
☐
☐
☐
☐
☐
☐
☐

WHAT I SHOULD DO:

☐
☐
☐
☐
☐
☐
☐
☐
☐
☐
☐
☐
☐
☐
☐
☐
☐

WHAT I PROBABLY WON'T DO:

TODAY'S PRODUCTIVITY OUTLOOK:

I HAVE TO DO WHAT?!

DATE: /   /

WHAT I MUST DO:

☐
☐
☐
☐
☐
☐
☐
☐
☐
☐
☐
☐
☐
☐
☐
☐
☐

WHAT I SHOULD DO:

☐
☐
☐
☐
☐
☐
☐
☐
☐
☐
☐
☐
☐
☐
☐
☐
☐

WHAT I PROBABLY WON'T DO:

TODAY'S PRODUCTIVITY OUTLOOK:

I HAVE TO DO WHAT?!

DATE: /   /

WHAT I MUST DO:

☐
☐
☐
☐
☐
☐
☐
☐
☐
☐
☐
☐
☐
☐
☐
☐
☐

WHAT I SHOULD DO:

☐
☐
☐
☐
☐
☐
☐
☐
☐
☐
☐
☐
☐
☐
☐
☐
☐

WHAT I PROBABLY WON'T DO:

TODAY'S PRODUCTIVITY OUTLOOK:

I HAVE TO DO WHAT?!

DATE: / /

WHAT I MUST DO:

- ☐
- ☐
- ☐
- ☐
- ☐
- ☐
- ☐
- ☐
- ☐
- ☐
- ☐
- ☐
- ☐
- ☐
- ☐
- ☐
- ☐

WHAT I SHOULD DO:

- ☐
- ☐
- ☐
- ☐
- ☐
- ☐
- ☐
- ☐
- ☐
- ☐
- ☐
- ☐
- ☐
- ☐
- ☐
- ☐
- ☐

WHAT I PROBABLY WON'T DO:

TODAY'S PRODUCTIVITY OUTLOOK:

I HAVE TO DO WHAT?!

DATE: /   /

WHAT I MUST DO:

☐
☐
☐
☐
☐
☐
☐
☐
☐
☐
☐
☐
☐
☐
☐
☐
☐
☐

WHAT I SHOULD DO:

☐
☐
☐
☐
☐
☐
☐
☐
☐
☐
☐
☐
☐
☐
☐
☐
☐
☐

WHAT I PROBABLY WON'T DO:

TODAY'S PRODUCTIVITY OUTLOOK:

I HAVE TO DO WHAT?!

DATE: / /

WHAT I MUST DO:

☐
☐
☐
☐
☐
☐
☐
☐
☐
☐
☐
☐
☐
☐
☐
☐
☐

WHAT I SHOULD DO:

☐
☐
☐
☐
☐
☐
☐
☐
☐
☐
☐
☐
☐
☐
☐
☐
☐

WHAT I PROBABLY WON'T DO:

TODAY'S PRODUCTIVITY OUTLOOK:

I HAVE TO DO WHAT?!

DATE: / /

WHAT I MUST DO:

☐
☐
☐
☐
☐
☐
☐
☐
☐
☐
☐
☐
☐
☐
☐
☐
☐

WHAT I SHOULD DO:

☐
☐
☐
☐
☐
☐
☐
☐
☐
☐
☐
☐
☐
☐
☐
☐
☐

WHAT I PROBABLY WON'T DO:

TODAY'S PRODUCTIVITY OUTLOOK:

I HAVE TO DO WHAT?!

DATE: / /

WHAT I MUST DO:

- ☐
- ☐
- ☐
- ☐
- ☐
- ☐
- ☐
- ☐
- ☐
- ☐
- ☐
- ☐
- ☐
- ☐
- ☐
- ☐
- ☐

WHAT I SHOULD DO:

- ☐
- ☐
- ☐
- ☐
- ☐
- ☐
- ☐
- ☐
- ☐
- ☐
- ☐
- ☐
- ☐
- ☐
- ☐
- ☐
- ☐

WHAT I PROBABLY WON'T DO:

TODAY'S PRODUCTIVITY OUTLOOK: